Pierre Métin

L'ivresse
de mes
Larmes

© 2022, Pierre Métin
Édition : BoD - Books on Demand, info@bod.fr
Impression : BoD - Books on Demand,
In de Tarpen 42, Norderstedt (Allemagne)
Impression à la demande
ISBN : 978-2-3224-3759-7
Dépôt légal : Juin 2022

L'art lave notre âme de la poussière du quotidien.

Pablo Picasso

pour Lisa

Sommaire

- 11 **Psychìpolis**
- 13 Psychìpolis
- 15 Quartiers Nord
- 17 Quartiers Sud
- 18 Quartiers Est
- 21 Les ruines des quartiers Ouest

- 23 **Amour, Idéal, Souffrance et Maturité**
- 25 Toi 1 (Désir)
- 27 Toi 2 (Admiration)
- 29 Toi 3 (Cécité Amoureuse)
- 31 Toi 4 (Chute Libre)
- 33 Toi 5 (Désarroi)
- 35 Toi 6 (Dénégation)
- 37 Toi 7 (Doléances Divines)
- 39 Dans le Jardin de mon Cœur I : (Mort sûre)
- 40 Dans le Jardin de mon Cœur II : (La rose du terrain vague)
- 41 Peur de s'aimer

43	**Vague à l'Âme**
45	L'ivresse de mes larmes
47	Alchimique
49	Du rouge au noir
50	Bouffée d'air bouffée de fumée bouffée de regrets
53	Mal de mer
54	Le Parapleurs
57	Cœur de Charogne
58	Terres arides
61	Tempête
63	Solitude évasive

65	**Monde & Spiritualité**
66	Accusé de pollution
67	Batterie à sang pour sang
69	Dieu, boussole des âmes

71	**Lisa**
73	Lisa
74	6152 jours

Avant-propos

Cela fait un peu plus de deux ans bientôt en ce mois de mai 2022 que je m'essaye à la poésie, qui m'a intimement accompagné de mes 16 à bientôt 18 ans.
Si en premier elle m'est apparue comme un style intéressant car elle m'a permis de donner une forme à mes idées, durant l'écriture de ce recueil, j'ai compris à force de réflexion pour trouver le juste mot exprimant l'exactitude de mon sentiment et de gymnastique syllabique pour ne pas sortir des règles de la versification et de la métrique, comment la complexité de sa forme m'aidait à découvrir de mieux en mieux le fond de mes émotions.
La poésie, alambic de mon cœur, distille mes pensées pour en extraire mes plus vrais sentiments.
Comprendre ce que l'on ressent c'est grandir ses racines pour pouvoir porter le poids de ses branches.
Dans les bons comme dans les mauvais moments, la poésie et l'écriture m'apparaissent comme un exutoire.
Quand tout va bien, c'est une envie.
Quand tout va mal, c'est un besoin.
Les problèmes persistent mais le brouillard qui les couvrait s'est levé.

« Alors j'ai épousé ma plume, pour affronter les tempêtes et repousser la brume. »

Nekfeu

Psychìpolis

Cette partie ouvre le livre pour vous plonger dans son univers, dans la genèse de mes réflexions, Psychipolis la ville de mon âme. Imaginez cet endroit comme l'allégorie de mon imagination, de mes émotions et de mes réflexions, cette ville où dans ses multiples rues circulent mes idées et mes pensées, qui s'entrechoquent, se promènent et se perdent. D'un quartier à l'autre, d'une humeur à l'autre.

Psychìpolis

Dans ce dédale manichéen de ruelles,
Des places Lumière aux rues plongées dans le noir,
Enchevêtrement de multiples boulevards,
Mes douces pensées aux idées les plus cruelles

Circulent la journée et la nuit s'y égarent.
Rues sinueuses des méandres de mon âme
Que mon cœur traverse à la lueur d'une flamme.
Avenue merveilleuse d'un nouveau départ

Où crèvent mes regrets dans un sombre recoin.
Les nombreuses impasses de mes déceptions
Laissent place aux routes de l'imagination.

Psychìpolis, la ville de mes réflexions,
Ici tous les chemins convergent en un point,
Un seul et unique point d'interrogation.

Quartiers Nord

Dans les vieux quartiers, les murs ternis par les ans
À l'image de mon cœur peu à peu s'effritent.
Mes larmes coulent sur le bitume anthracite.
Les rues y sont froides et le ciel déplaisant.

La ville en ruine, sous les feux des émeutiers,
N'est qu'un labyrinthe sans direction ni sens.
Mes pensées se mêlent aux vapeurs de l'essence.
Mon cœur à la rue dort avec les va-nu-pieds

Bercé par le spleen ruisselant sur le trottoir.
Parmi tous ces paysages dénaturés,
Le regard flou et les idées déstructurées,

Je cours derrière la moindre lueur d'espoir.
Une question remue mon esprit torturé :
Combien de temps cela va-t-il encor durer ?

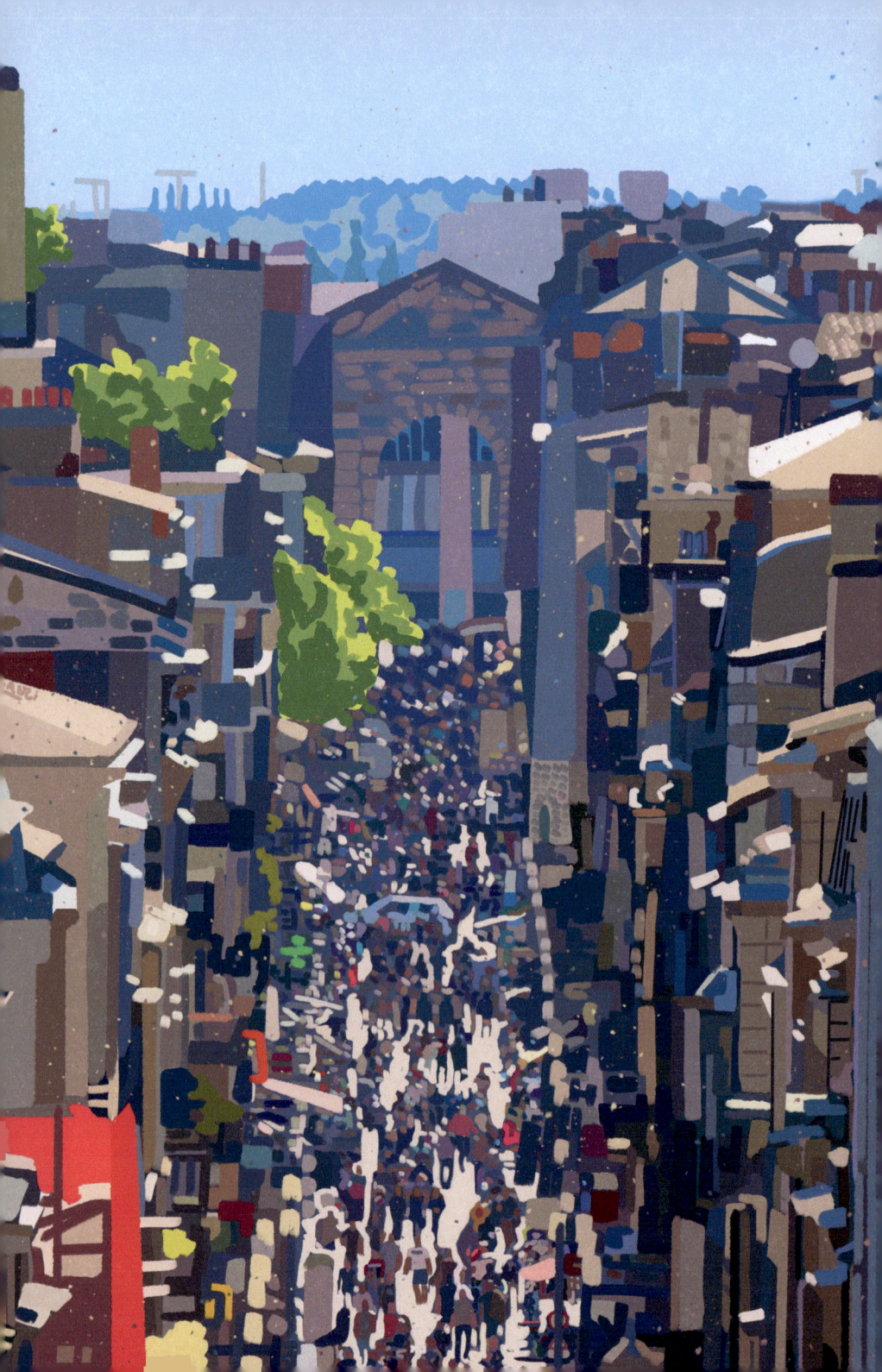

Quartiers Sud

Dans les rues bondées, loin des boulevards déserts,
Les voix des passants sonnent d'un ton mélodieux,
Tous mes sens éclosent et se mêlent aux Dieux.
Assis, un guitariste chantonne des airs.

Dans les boîtes de nuit, je dénude mon cœur,
Pour vêtir mes émotions des plus beaux habits,
Espérant effleurer du doigt le paradis.
Cet endroit sans gravité, en apesanteur,

Là où l'on s'aime à la folie, sans camisole.
Dans ces beaux quartiers où sont bannis les tourments,
Encore un peu plus de joie à chaque tournant.

D'un coup d'un seul mes mauvaises pensées s'immolent.
Un doux rêve de pleine conscience où pourtant
Je m'évanouis dans la foule en mouvement.

Quartiers Est

Dans les quartiers Est le doux soleil printanier
Enjolive les rues et fleurit les chemins.
Mon âme, transportée par l'odeur du jasmin
Court, marche et vadrouille à l'ombre des marronniers.

Sous la chaleur de cet éternel mois de mai
Les amours naissantes, sur les tapis de fleurs,
S'aiment et dansent dans le bal des âmes sœurs
En oubliant les crimes que le cœur commet.

Mon esprit au côté des enfants du village
Chante, joue, crie sur les allées pavées de pierres
qui traversent la forêt jusqu'à la rivière

Dont l'eau cristalline rafraîchit le visage
Et la mémoire sous un rayon de lumière.
Ainsi demain sera toujours meilleur qu'hier.

Les ruines des quartiers Ouest

Peu à peu mon vague et lointain passé s'effondre,
Des ruines je tâche de trier les décombres.

Ici, là, enfoui dans le fin fond de mon cœur,
Gît sous la poussière du temps, mon souvenir
Brumeux que les années ne cessent de ternir.
Ruines du passé dont je suis le fondateur.

À genoux dans mes pensées, les yeux sur le sol
Je fouille parmi les débris de ma mémoire,
Les cassures de mon âme au fond d'un tiroir
Qu'une douce odeur de mélancolie console.

Mes doigts écorchés par tous mes espoirs brisés
Démêlent les idées que mon esprit malmène.
La main sur le cœur, un regard pour ceux que j'aime

J'arpente les vestiges des rêves épuisés,
Les travers de ma conscience et de ses dilemmes
Pour enfin apprendre à me rebâtir moi même.

Amour, Idéal, Souffrance et Maturité

Toi 1 (Désir)

Je vois en ton regard dont je suis amoureux,
Un charme qui m'anime et qui me fait rêver,
Une arme qui m'abîme et qui me fait crever,
Des sentiments tout aussi beaux que douloureux.

J'ai en moi un désir au fin fond de mon cœur
Et j'attends chaque jour que tu le réalises,
Si tu savais à quel point je t'idéalise,
Tu fuirais cette attache qui te ferait peur.

À trop te regarder ma vue s'est affaissée,
Bien longtemps que je résiste à cette attirance.
Un jour oserais-je donc te faire mes avances ?

Amour, couronne d'épines sur cœur blessé,
J'attends ta fidélité avec espérance,
Car c'est en espérant que je fuis la souffrance.

Toi 2 (Admiration)

Tu n'as pas idée de ton charme et ses effets.
Si mon cœur sautille à chacun de tes regards,
Ma gorge se noue à chacun de mes écarts,
En admiration devant ce que tu fais.

Tu n'as pas idée de ton charme et ses effets,
Mon cœur frétille quand tu passes devant moi
Et ma gorge se cloue au doux son de ta voix,
En admiration devant ce que tu sais.

Tu n'as pas idée de ton charme et ses effets,
Ton rire gracieux a fait sourire mon cœur,
L'idée de faire un moindre faux pas me fait peur,
En admiration devant ce que tu es.

Tu n'as pas idée de ton charme et son ampleur,
Mes sentiments à genoux devant ta splendeur.

Toi 3 (Cécité Amoureuse)

Cécité amoureuse vision en tryptique
Le blanc, le noir, le rouge. Le bien le mal, toi.
Une course poursuite entre ton âme et moi.
Tes formes défient les lois de l'arithmétique.

L'image de mes yeux sur tes courbes met hors
De fonction ma vue et mon esprit d'analyse,
Si tu savais ce que ta beauté paralyse
Tu comprendrais les entiers pouvoirs de ton corps.

Sous les feux de minuit, je nage puis me noie
Dans le pétillant du champagne et de tes yeux.
Chaleur et alcool montent, me rendent joyeux.

Sentiments véritables ou amour sournois ?
Une question qui est loin de me rendre soucieux,
Je me risque dans un avenir périlleux.

Toi 4 (Chute Libre)

Suis-je amoureux de toi ou de ton idéal ?
Sur ton corps mon cœur a jeté son dévolu,
C'est grâce à toi que mes sentiments évoluent
Mais je le sais, tôt ou tard tu me feras mal,

Pourtant lorsque parfois, des soirs, j'ai soif d'espoir
Mon esprit nous imagine mille aventures.
Celles que mes pensées prennent en filature.
Amour et raison deviennent contradictoires.

Si tomber amoureux c'est perdre l'équilibre,
Je suis bien ce piètre funambule abîmé.
Si la plus belle des libertés c'est d'aimer,

Je saute dans l'inconnu, cœur en chute libre
Dans ton regard percute la réalité.
Prends-le ou laisse-le se briser à tes pieds.

Toi 5 (Désarroi)

Je te regarde, prends mon courage à deux mains,
J'ouvre mon cœur, te fais part de mes émotions,
Je me lance sans penser aux répercussions,
Parce que j'ai peur qu'il ne soit trop tard demain.

Des mots sincères sortis droit de ma poitrine,
Je reste serein devant ton visage d'ange,
Ma voix s'affaiblit quand mes idées se mélangent.
Musée de mon cœur, mes sentiments en vitrine.

La sincérité émanant de mes entrailles
Manifeste la candeur de mon affection
Je me dévoile à toi, attends ta réaction.

Ta réponse grave en moi de tristes entailles,
Voleuse, entre dans mon cœur avec effraction,
Brise mes espoirs et me remplis d'affliction.

Toi 6 (Dénégation)

Un triste désastre où devant moi tout s'écroule,
Dans ma tête retentit un puissant vacarme,
Mon cœur saigne puis mes yeux se gorgent de larmes,
Elles perlent sous mes paupières et s'écoulent.

Estimez-vous bien la souffrance que j'endure ?
On dit souvent que l'espoir est signe de vie,
Pourtant quand il s'effondre le trépas s'ensuit.
Dans un sourd tombeau de silence je m'emmure.

Un petit cœur blessé, trop de plaies à panser
Ressasse le passé, ne peut plus avancer
Futur qui me déplaît, bloqué dans mes pensées.

Maux d'esprit dans mon cerveau décontenancé.
Modestie dans mon ego bien trop offensé.
Mots épris d'idéaux tristement insensés.

Toi 7 (Doléances Divines)

Déesse des tristes amours à sens unique.
En offrande, mes larmes au fond d'un bocal.
Priant pour un cœur sous anesthésie locale.
Mon âme à la merci d'un esprit tyrannique.

Comme du sable fin qui file entre les doigts,
À l'approche de l'eau salée, tu te durcis.
Sur les larmes de Poséidon obscurcies
Par la profondeur de cet amour maladroit,

Mon cœur en perdition vogue vers l'incertain,
Chavire et finit par s'abandonner à toi.
Mon corps échoue loin des plages que tu côtoies.

Ma romance n'atteint plus ton cœur parnassien,
Ton indolence renforce mon désarroi.
Depuis mon stylo pleure et ma plume se noie.

Dans le Jardin de mon Cœur I : (Mort sûre)

Souvent non loin de tous ces sermons de malheur,
Un rayonnant soleil a fait fleurir mon cœur,
Dans ce paisible jardin d'amour, de bonheur,
Se glisse lentement un serpent chamailleur.

J'écoute teinter les sonnettes de ses charmes
Ces sonorités font valser mes sentiments
Dans son regard, le reflet de mes châtiments,
Ses yeux m'hypnotisent, peu à peu me désarment.

Son long corps gracieux étrangle ma raison.
En mon être à nu, sans aucune protection,
S'enfoncent ses crocs venimeux avec passion.

Mon cœur souffrant, pourtant accro à ce poison,
Redemande encor de ce venin d'affliction.
Le temps est le seul sevrage à cette addiction.

Dans le Jardin de mon Cœur II : (La rose du terrain vague)

Endolorie par les bleus, mon âme éprouvée
Arpente la géhenne en mon cœur alité,
Meurtri par tous les heurts de la réalité.
L'amour rend aveugle, j'y vais les yeux crevés.

À deux pas du désert des passions usées,
Dans l'aporie de mes vains espoirs je m'égare.
Malherbes d'amour, mon cœur demeure un essart
Où germent toutes mes pensées désabusées.

Un soleil gris brille de ses rayons moroses
Sur ce cloaque d'émotions délétères,
Asséchant le Léthé où je me désaltère.

Au cœur de cette flore d'amours mortifères,
Dans la lumière de l'ombre, pousse une rose
De désirs profonds et d'épines lethifères.

Peur de s'aimer

Quand on s'unit lorsque l'on s'aime
Notre triste fin fleurie de l'amour que l'on sème
Nos cœurs meurtris par nos passés,
me rappellent que c'est lorsqu'on se lie que l'on saigne,
S'attacher c'est souffrir à l'échéance,
Un compte à rebours avant une fin Inévitable,
où s'aimer c'est se perdre d'avance

Vague à l'Âme

*Quand le drame s'abat, vient fouetter la réalité, la douleur se propage s'étend à travers le corps, à travers le cœur. Il n'y a plus de point d'impact mais une douleur uniforme que seules les larmes savent apaiser. Un calmant et paradoxalement un élan de folie. Tout devient flou et toute la douleur enfermée jaillit désormais hors du corps.
Me voilà saoûl de tristesse,
me voilà ivre de mes larmes.*

L'ivresse de mes larmes

Je bois mes larmes et mon âme finit ivre.
Mon histoire fut dure imprégnée de misère.
Un espoir futur, enfin oublier hier.
Dois-je tourner la page ou bien brûler le livre ?

Mes émotions se floutent, ma vision se brouille,
J'aime de haine puis je déteste d'amour.
Mes sentiments titubent mon cœur devient lourd.
Noyé dans mes pensées j'ai le cerveau qui rouille.

Quand je régurgiterai toute ma détresse,
Le courroux de mon cœur saturera mon foie,
Je vomirai des cris de haine ancrée en moi.

Et puis lorsqu'une fois sera passée l'ivresse,
Je me réveillerai avec le cœur de bois,
Cœur de bois rongé par les vers de mes émois.

" Parce que douter c'est le contraire de s'en foutre"
ORELSAN

Alchimique

Lorsque pour un oui ou pour un non tout va mal,
Mon cœur meurtri par la détresse de mon âme
Embrase mes pensées, et mon esprit s'enflamme.
La douleur me ronge et l'oxymètre s'emballe.

Je suis en même temps l'attaque et la défense,
En même temps condamné à mort et Faucheuse.
Cœur : pierre philosophale défectueuse
Qui peu à peu transforme mon sang en essence,

Une étincelle et je brûle de l'intérieur.
Les voix discordantes de mes nombreux dilemmes
Résonnent à la manière d'un requiem.

D'un coup tout s'en va, balayant toutes frayeurs,
Explosant toutes mes craintes et leurs œdèmes,
Assommé par la brutalité d'un Je t'aime.

Du rouge au noir

La Solitude ouvre une brèche dans mon cœur,
Où s'y engouffrent toujours les mêmes questions,
Tournent en boucle sans trouver de solutions,
Probablement car les réponses me font peur.

Quand mes yeux se teintent de la couleur des fautes,
Dans la prison des rêves mon esprit s'égare.
Pensées d'amertume à l'instar de mon regard.
Âme lunatique, réflexions astronautes.

Regard d'ébène plein d'idées fuligineuses,
Me tirant du sommeil quand je ferme l'œil,
Dans la boue de ma vie mes proches sont le treuil.

Une perfusion d'oubli en intraveineuse.
Je broie du noir, fabrique des pigments de deuil,
Mes pensées esquissent les traits de mon recueil.

Bouffée d'air bouffée de fumée bouffée de regrets

Depuis trop longtemps ta vie a perdu son sens.
Les jours s'enchaînent, ne trouvent plus leurs chemins.
Car aujourd'hui n'est plus que le hier de demain.
À tout tu es prête pour cacher tes souffrances.

S'infliger des douleurs pour en estomper d'autres.
Tu pleures sans un mot, crains la huée des foules
Es-tu sûre que vouloir se tuer défoule ?
Je me sens affecté, ton malheur c'est le nôtre.

Pour seul remède le sang, la drogue et l'ivresse,
Jeunesse en détresse se ruiner est un art,
Ciseaux, cigarette, bouteille de Ruinart.

Entre deux saignées pour évacuer ton stress,
En guerre contre toi-même, soldat fuyard.
Ténébreuses pensées éclairent la nuit noire.

*« Comme un navire qui s'éveille
Au vent du matin,
Mon âme rêveuse appareille
Pour un ciel lointain. »*

CHARLES BAUDELAIRE

Mal de mer

Tous ces mensonges...
C'est marrant c'est mon sort,
Si mon ego souffre, l'amour le condamne à mort
Les blessures s'accumulent à l'image des dates
que je commémore
Cessez le feu !
Trêve de métaphores.
Mes larmes laissent à mes souvenances un goût amer,
Mon cœur fait des simagrées, seul privé de signaux
Dans cette mer de souvenirs, l'espoir en guise de sémaphore,
Me rappelle que c'est ma faute,
Encore.
Tumeur de mon esprit épris de douleur,
Mon âme aphone s'effondre sans un bruit,
Je meurs.

Le Parapleurs

Seul, dans l'impasse d'un présent imparfait.
Mon cœur, oublieux et alité, grime sur un carnet
des espoirs que la réalité, impartiale, brise comme
elle a brisé tout ce que l'art fait, m'apprenant
que le passé n'est plus à refaire.
Mes sentiments impossibles à parfaire refroidissent
sous une averse de larmes,
Un bonheur effervescent qui se dissout, plongé
dans le malheur de mon âme.
Peut-être trouverais-je réconfort dans la chaleur
de la douleur,
mes souvenirs comme petit bois de cheminée,
mon stylo plume en guise de Parapleurs.

Cœur de Charogne

Tu sais, je n'avais pas l'esprit très cartésien,
Pourtant je voyais le vide dans ton regard,
Dans ces nuits entières où nous veillions très tard,
Quand nous discutions tes yeux perdus dans les miens.

Tu dois m'en vouloir d'être resté impuissant,
Ton âme a fui ton corps mais reste dans mon cœur,
Ces blâmes t'ont conduite à la mort et ta peur
Des autres t'a enfermée dans ce mal cuisant.

Chacune de leurs paroles, de leurs pensées
Sont des brins de cordes qui t'encerclent le cou,
Ton petit cœur n'a pas su encaisser les coups.

Tu avais tant de plaies que je n'ai su panser,
Si j'avais estimé l'ampleur des contrecoups,
Peut-être serais-tu encore parmi nous ?

Terres arides

Mon cœur est à sec, mes sentiments se lassent.
Dans un amour aride où mes émotions se cachent.
Le long des sentiers, l'esprit songeur,
Les regrets sont immenses, j'y épluche mes rancœurs.
Dans les poches pas un centime
Pour racheter mes erreurs.
Mon âme se meurt de soif,
Je cherche la source du problème,
Les tourments de mes pensées me décoiffent
Loin de tous ceux qui me blâment
Je me souviens que le danger c'est souvent moi-même.
Je me rappelle être ma propre maladie,
mon unique tumeur.
J'espère enfin le paradis,
Si un jour,
Je meurs.

Tempête

Dans un réveil où le goût amer du vin d'hier laisse
flâner une odeur d'amertume,
Le monde des merveilles s'éteint, laissant place
à la fraîcheur du bitume.
La rosée du matin perle au bord de mes yeux humides,
ma plume morose encore plongée dans un sommeil lucide
jonche le sol dans le désordre de mes pensées.
Je reprends mes esprits, peu à peu je m'éveille.
J'essaye de recoller tous les morceaux de mon âme
que mon cœur a détruits la veille.
Mes mauvaises pensées tournoient dans ma tête,
une tempête de doutes arrache le toit de mon squat
infernal,
Le ciel me tombe sur la tête.
Je meurs.

Solitude évasive

Aujourd'hui je reste, je partirai demain,
Car l'amour que j'ai pour mes proches me retient.
L'esclavage avec les plus solides des liens,
Je fuis la solitude qui me tend la main.

Depuis si longtemps je tais sa voix qui m'appelle,
Ses cris sourds dont l'écho ouvre la mer en deux,
Ses cris silencieux qui teintent le rouge en bleu.
Mon cœur fracturé s'exile en guise d'attelle.

Dans mon abandon je séquestrerai mon âme
Pour qu'elle accepte un jour ma vie faite d'absences,
Loin de tout sentiment et de leurs pénitences.

Enfin délivré de cette prison infâme,
Je saurai que la solitude et la distance
Reflètent la plus agréable des présences.

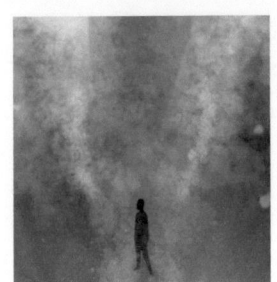

Monde & Spiritualité

Accusé de pollution

Ici-bas les paysages sont désolés,
Au tribunal c'est la terre qui nous accuse,
Mais cependant les accusés n'ont pas d'excuses.
Le monde pleure tout ce qu'on lui a volé.

Au milieu de toutes ces geôles de béton,
De ces chats en cage et ces tortues domestiques,
Dans les décharges de tortures de plastique,
Des amas de tôle nous sommes les matons.

Nous avons détruit notre terre et notre mer,
La jeunesse exprime son indignation,
Personne n'écoute nos réclamations.

Pauvres enfants qui enterrent leur propre mère,
L'avenir nous guette avec désolation,
On creuse une tombe de consommation.

Batterie à sang pour sang

Certains enfants travaillent pour une misère,
Dans des conditions sanitaires inadmissibles,
Tout cela pour un salaire presque invisible
Quand les minerais sales financent la guerre.

Zone de non-droit, les Kalash sont aux commandes,
Les armes l'imposent, le trépas ou la mine,
C'est normal que les hommes n'aient plus bonne mine,
Au vu du dur et long labeur qu'on leur demande.

Cinq millions de morts, l'Europe a des œillères...
Pourtant que fait le monde, que fait la milice ?
On détourne les yeux pour un peu de silice.

Les faibles voix des mines ont des muselières.
Combien de temps dureront ces jours de sévices ?
Ensemble mettons fin à l'horreur et ses vices.

Parce que ce qui compte, ce n'est plus d'obéir à la loi mais c'est de croire. Nous estimons en effet qu'un être humain est rendu juste devant Dieu à cause de sa foi et non parce qu'il obéirait en tout point à la loi.

ROMAINS 3 ; 27-28

Dieu, boussole des âmes

Depuis les primordiales lueurs tu me guides,
Ta grande prestance m'indique le chemin.
Les yeux clos j'avance, sans penser à demain
Tu sauras m'éloigner de ces âmes fétides.

Aveuglé je suivrai le son doux de ta voix.
Et si un jour il me venait de prendre peur,
Je sais que ton souffle réchauffera mon cœur,
Je chasserai mes démons, guidé par ma foi.

Lorsqu'en m'égarant, j'implorerai ton pardon,
Je me repentirai aux moments attendus
Ainsi je regretterai de t'avoir déçu.

Puis tu courras après mon esprit vagabond,
Jamais je ne finirai en ange déchu.
Je n'ai plus de crainte, car je crois en Jésus.

Lisa

Lisa

Un soir dans cette vie où chaque heure est comptée,
Mes réflexions sont guidées par l'obscurité,
Des pleurs coulent par élan de maturité,
Étonné cette fois le temps s'est arrêté.

Reflets de mes pensées brouillées dans une flaque,
Je me questionne sur l'ampleur de ta souffrance,
Je marche et regarde au ciel avec espérance,
Perdu dans la réalité qui met des claques.

Je constate la cruauté de ton combat ;
Je veux être un buvard qui absorbe tes peines,
Je voudrais être un cri qui exprime ta haine.

La lune brille je te rêve dans mes bras,
Pour te protéger de cet injuste système,
Ne plus te lâcher, te dire à quel point je t'aime.

6152 jours

D'un coup de téléphone, d'un coup de massue,
Lorsque tu montes au ciel la nouvelle tombe.
Mon cœur se meurt à l'idée que le tien succombe.
Que t'aurais-je bien dit si plutôt j'avais su ?

Nous aurions énuméré, ensemble, moment
Après moment, tous nos beaux souvenirs passés,
Nous lamentant qu'il n'y en ait pas eu assez.
Je ne sais si tu m'entends, ni d'où ni comment,

Mais j'ai l'impression qu'on discute plus qu'avant,
Je te parle de moi quand je m'endors très tard,
Te savoir loin de nous me fait toujours bizarre.

Il fait froid, vingt-et-unième jour de l'Avent,
Mon cœur entame l'hiver dans un fort brouillard,
Ton âme rejoint le Ciel dans mon cœurbillard.

Mes tristes pleurs à l'instar des larmes du monde,
Témoignent d'ô combien tes proches t'adoraient,
Devant ta tombe que nous venions décorer,

Nos yeux crachent l'eau salée de nos cœurs qui fondent.
Au fil de nos souvenirs et de nos secrets,
Je tisse les motifs de nos plus grands regrets.

L'ambivalence de ces sentiments a fait
Tanguer nos cœurs dès que le tien a chaviré,
La voile de l'âme vient à se déchirer,
Nos hublots brouillés par ton visage parfait.

C'est un honneur de t'avoir eue à mes côtés,
Et bien que ton cercueil soit parti en fumée
Ton esprit lui ne sera jamais inhumé.
Lisa sois sûre, tu es partie en beauté.

Remerciements

Je tiens à chaleureusement remercier Julien Lanzi,
mon ami d'enfance, pour son précieux travail d'illustration
et l'enthousiasme qu'il a toujours manifesté pour ce projet.

Je remercie également Henry Neu,
pour sa participation à travers ses œuvres qui illustrent
à merveille les poèmes auxquels elles sont associées.

Aussi je remercie François Métin,
pour ses précieux conseils et son œil de lecteur aiguisé
qui m'ont aiguillé tout au long de l'écriture de ce recueil.

Je remercie Catherine Bouteiller,
pour son travail de mise en page et ses suggestions de mise
en forme qui ont donné un air nouveau et mis en valeur
mes écrits sans jamais en desservir le fond.

Enfin, je remercie Lisa,
sans qui je n'aurais peut-être jamais posé un vers
sur le papier, sans qui ce recueil ne serait pas né.

Illustrations

Keezygraph, *1ʳᵉ de couverture*
Julien Lanzi, *pages intérieures*

Peintures

Henry Neu, *pages 14, 54, 60*
Jean-Jacques Neu, *pages 19, 20, 41, 51*

Maquette

Catherine Bouteiller

BOOKS ON DEMAND
2022